DE L'INDÉPENDANCE

DU

MINISTÈRE PUBLIC

DANS L'EXERCICE DE SES FONCTIONS

PAR

M. REVERCHON

Avocat à la Cour impériale de Paris

Ancien Avocat au Conseil d'État et à la Cour de cassation, ancien Maître des requêtes au Conseil d'État

(Extrait du journal *le Droit* des 8-9 et 10 février 1869.)

———⊏⊐⊏⊐———

PARIS

IMPRIMERIE BALITOUT, QUESTROY & Cie

7, RUE BAILLIF ET RUE DE VALOIS, 18

——

1869

DE L'INDÉPENDANCE

DU

MINISTÈRE PUBLIC

DANS L'EXERCICE DE SES FONCTIONS

—————

I. Un incident récent, que je n'entends point apprécier ici, a soulevé de vives controverses sur la question de savoir quelles sont l'étendue et les limites de l'autorité du ministre de la justice sur les procureurs généraux et les procureurs impériaux, en ce qui concerne l'exercice de l'action publique, et, si je ne me trompe, ces controverses ont donné lieu, en divers sens, à des exagérations également regrettables, parce qu'elles sont également contraires à la loi.

Les uns se sont efforcés d'établir que l'autorité du ministre de la justice, en cette matière, se réduit à un

simple droit de surveillance, et qu'ainsi non seulement
il ne peut pas imposer aux magistrats du ministère public
l'obligation de prendre des conclusions ou des réquisitions déterminées, mais qu'il ne peut pas même leur
prescrire de poursuivre, c'est-à-dire de déférer aux tribunaux compétents, les faits qui lui paraissent constituer
des crimes ou des délits.

Les autres ont, au contraire, prétendu que le ministre de la justice peut non seulement prescrire, mais
même interdire la poursuite, et qu'il peut, en cas de
poursuite, ordonner au ministère public de prendre, à
l'audience, des conclusions ou réquisitions déterminées,
pourvu, bien entendu, qu'elles soient permises par la loi.

Une troisième opinion a essayé d'établir des distinctions, soit entre les crimes ou délits politiques et ceux
qui n'ont pas ce caractère, soit entre les affaires civiles
et les affaires criminelles.

Enfin, une dernière opinion, qui me paraît pleine-
ment fondée, admet que le ministre de la justice a le
droit d'ordonner la poursuite, mais soutient qu'il n'a ni
le droit de l'interdire, ni le droit de prescrire les conclusions à prendre, et écarte, en droit du moins, toutes
distinctions à cet égard.

Il ne faut pas s'étonner beaucoup de ces divergences,
quoiqu'elles ne se justifient pas par l'obscurité de la loi

écrite. Trop souvent, dans notre pays, les discussions qui s'engagent sur l'interprétation des textes législatifs ne visent qu'à accommoder ces textes à des théories préconçues ou aux prétendues nécessités du moment; trop souvent, selon un mot qui a promptement acquis une fâcheuse notoriété, on croit se mettre en règle avec la loi, on croit la respecter, quand on la tourne. Il n'en est pas seulement ainsi dans les polémiques de la presse, à peu d'exceptions près ; la jurisprudence elle-même ne se défend pas assez contre cette tendance, éminemment française. Au lieu de se demander, par exemple, et de se demander avant tout ce que la loi a dit et voulu, on se demande d'abord ce qu'elle a dû vouloir ; on se pose et l'on résout cette première question au point de vue de la sagesse que chacun s'attribue, et l'on se trouve amené, sciemment ou non, à refaire la loi qu'on devrait se borner à appliquer. Il y a longtemps que ce fait a été signalé par les jurisconsultes et même par les publicistes ; j'ai eu l'occasion de citer ailleurs (*Revue pratique du Droit français*, t. XVII, p. 357) ce qu'en a dit un des esprits les plus sagaces de notre temps, M. le duc de Morny (1).

(1) Je ne reproduis pas toute cette citation; j'en rappelle seulement le passage suivant : « Le sentiment de la légalité

Résistons donc à cette propension et commençons, sur la question qui nous occupe, par interroger la loi existante.

II. On pourrait, jusqu'à un certain point, trouver le fondement et la définition du droit du ministre de la justice dans l'art. 5 de la loi des 27 avril—25 mai 1791, dans l'art. 3 de la loi du 10 vendémiaire an IV sur l'organisation du ministère, et dans l'art. 81 du sénatus-consulte du 16 thermidor an X. Mais ces dispositions n'ont plus guère qu'un intérêt historique, et il suffit aujourd'hui de se reporter à l'art. 274 du Code d'instruction criminelle, ainsi conçu :

« Le procureur général, soit d'office, *soit par les ordres du ministre de la justice*, charge le procureur impérial de poursuivre les délits dont il a connaissance. »

Cet ordre, a-t-on dit, n'est qu'une simple invitation ; il n'a pour objet que de signaler au procureur général des faits qui peuvent avoir échappé à la connaissance de ce magistrat ou qui ont été directement dénoncés au

est affaibli en France; on raisonne trop avec la loi... Les tribunaux eux-mêmes, qui devraient être la loi vivante, se permettent quelquefois de l'interpréter au lieu de l'appliquer...; ils croient être quittes envers tout le monde quand ils ont jugé selon l'équité ou qu'ils ont servi la vindicte publique, etc. »

ministre de la justice; mais il n'enchaîne pas la liberté d'appréciation et d'action du ministère public, et il peut d'autant moins l'enchaîner, même quand il s'agit uniquement de la poursuite, que les magistrats ne sont pas des fonctionnaires administratifs.

Que la loi eût pu être faite ainsi, on ne saurait le contester; mais, à tort ou à raison, elle est faite autrement; à tort ou à raison, l'art. 274 autorise le ministre à donner *l'ordre* de poursuivre, et dès lors le procureur général, quelle que soit son opinion personnelle, est tenu de déférer à cet ordre, si c'est bien un ordre qu'il a reçu, si le ministre ne s'est pas borné à appeler son attention sur un certain fait. L'art. 274 semble, il est vrai, ne s'appliquer qu'aux *délits* et non aux *crimes;* mais on sait que la première de ces expressions a souvent un sens général, alors surtout qu'elle n'est pas employée par opposition à la seconde; au cas particulier, d'ailleurs, il faut remarquer que l'art. 274 est placé dans la partie du Code qui concerne les cours d'assises, c'est-à-dire les crimes, et dès lors c'est bien des crimes et des délits que le législateur a entendu parler.

En présence de ce texte, il peut sembler inutile d'en rechercher les motifs : car, alors même qu'ils n'apparaîtraient pas ou qu'ils seraient manifestement insuffisants, la loi n'en serait pas moins claire et n'en devrait

pas moins être obéie. Ces motifs, du reste, sans être pé-
remptoires, sans exclure la possibilité de comprendre et
peut-être de préférer une loi différente, peuvent très-
bien expliquer celle qui nous régit. Il y a des faits dans
lesquels l'intérêt gouvernemental pourrait ne pas être
assez saillant aux yeux du ministère public pour que
celui-ci se décidât, de son chef, à entamer une poursuite. Il y a d'autres faits, même de l'ordre privé, dont
les auteurs présumés ou connus peuvent être entourés
d'influences, de rivalités, de passions locales assez vives
pour que le ministère public éprouve le besoin ou du
moins sente l'avantage de recevoir du ministre de la
justice un ordre qui donnera un appui salutaire à l'action publique. Ajoutons que, par la force des choses, ce
droit du ministre ne s'exerce que dans des cas graves et
exceptionnels ; ainsi restreint, ainsi appliqué, il concourt
utilement au but que se propose et que doit se proposer
la législation pénale, c'est-à-dire à assurer la répression
des crimes et des délits.

Cela posé, est-il bien nécessaire de se demander si les
officiers du ministère public sont ou ne sont pas des
fonctionnaires, des agents du pouvoir exécutif? Quelque
opinion que l'on adopte à cet égard, l'art. 274 n'en
existera pas moins et n'en devra pas moins recevoir son
application. Il faut reconnaître, d'ailleurs, que ces offi-

ciers sont en réalité investis d'une double mission : ils sont à la fois agents du pouvoir exécutif et magistrats, et, si le cumul de ces deux qualités jette quelquefois de l'incertitude sur le caractère de leurs attributions et sur l'étendue de leurs droits ou de leurs devoirs, il n'en résulte pas que l'une doive être absorbée par l'autre ; il en résulte que l'une doit, selon les cas, servir à limiter l'autre, et l'on va voir qu'ainsi, si l'officier du ministère public peut, comme agent du pouvoir exécutif, recevoir des ordres que ne recevrait pas un magistrat, en revanche il retrouve comme magistrat, après avoir exécuté ces ordres, une indépendance qui n'appartiendrait point à un simple fonctionnaire.

III. Le ministre de la justice a donc, ce me semble le droit incontestable de donner au ministère public *l'ordre de poursuivre*. Mais ce droit entraîne-t-il, soit celui d'interdire la poursuite, soit celui d'imposer au ministère public l'obligation de prendre des conclusions ou réquisitions déterminées?

Sur le premier de ces deux points, il est bien certain que le ministre de la justice peut recommander aux magistrats du ministère public de ne pas poursuivre tels ou tels faits particuliers, ou de ne poursuivre qu'après lui avoir demandé ses instructions ou ses avis ; il est certain encore que, s'ils ne défèrent pas à cette recommandation, ils peuvent s'exposer à des mesures purement discrétionnaires, ils peuvent encourir un déplacement désavantageux ou une révocation. Mais la question légale n'est pas là : il s'agit de savoir si le ministre de la justice peut paralyser l'action publique entre les mains des magistrats du parquet, en d'autres termes, s'il peut leur donner l'ordre obligatoire de ne pas exercer cette action. Or, la négative a été établie par la chambre criminelle de la Cour de cassation, et je me contente de citer à cet égard le passage suivant du *Traité de l'Action publique et de l'Action civile,* publié, en 1837, par M. Mangin (tome Ier, n° 94) (1) :

« L'action publique n'appartient point au ministre de la justice; il peut bien prescrire de l'intenter, mais la loi ne l'autorise pas à en interdire l'exercice. L'action publique appartient aux procureurs généraux, mais elle appartient aussi aux procureurs du roi; les premiers peuvent ordonner aux seconds de faire des poursuites, mais ils ne peuvent le leur défendre. Les uns et les autres peuvent sans doute mettre mal à propos en mouve-

(1) Ancien préfet de police, M. Mangin était peu disposé à sacrifier ou à compromettre les prérogatives de la puissance publique et ce que l'on a ultérieurement appelé *le principe d'autorité.*

ment l'action publique, et contrairement aux instructions qu'ils ont reçues ; mais les tribunaux n'en sont
pas moins valablement saisis, et l'improbation dont le
ministre de la justice ou le procureur général frapperait
les poursuites n'empêcherait pas qu'elles ne suivissent
le cours que la loi a tracé à la procédure criminelle.
Ainsi une Cour royale avait jugé que l'action publique
intentée contre un magistrat prévenu de dénonciation
calomnieuse était non recevable, parce que le ministre
de la justice n'avait autorisé le procureur général qu'à
provoquer des mesures de discipline contre ce magistrat ; elle s'était fondée sur ce que *la suprême direction
de toutes les actions publiques appartient à ce ministre.*
La Cour de cassation (chambre criminelle) a im-
prouvé cette doctrine par un arrêt rendu à mon rapport
le 22 décembre 1827 : « Attendu que c'est une erreur
» manifeste de prétendre que le ministre de la justice a
» la suprême direction de l'action publique pour la pu-
» nition des crimes et des délits ; que cette direction est
» expressément confiée aux Cours royales par l'art. 9 du
» Code d'instruction criminelle ; que l'art. 11 de la loi du
» 20 avril 1810 donne à ces Cours le droit de mander les
» procureurs généraux et de leur enjoindre de poursuivre
» les crimes et les délits ; qu'en conférant ainsi à des
» corps indépendants la surveillance de l'action publique,

» qu'en les autorisant à la mettre en mouvement, ces
» lois ont créé en faveur de la liberté civile une de ses
» plus fortes garanties; que l'arrêt attaqué a formelle-
» ment violé ces lois en décidant que l'action du minis-
» tère public contre le président M... était non receva-
» ble, parce que le ministre de la justice ne l'avait au-
» torisé qu'à exercer l'action disciplinaire, et non l'ac-
» tion publique, etc. (1) »

On a dit que c'est là un vieil arrêt et que, s'il était à
rendre, la chambre criminelle ne le rendrait pas aujourd'hui. Il ne m'appartient pas et je n'entends pas
me charger de la disculper de ce reproche, ou, si l'on
veut, de contester ses titres à cet éloge; mais enfin, reproche ou éloge, l'assertion est encore à l'état d'hypo-
thèse, et la doctrine de M. Mangin et de l'arrêt pré-
cité est approuvée par tous les jurisconsultes qui ont eu
à l'examiner; il suffit d'indiquer ici MM. Faustin Hélie
(*Traité de l'instruction criminelle*, 2ᵉ édition, tome Iᵉʳ,
nº 534), Dalloz (*Jurisprudence générale*, vº *Instruction
criminelle*, nº 70, et vº *Ministère public*, nº 245), Lesellyer (*Traité du droit criminel*, tome IV, nº 534), etc.

Et il n'y a pas lieu d'invoquer, contre cette jurispru-

(1) Deux arrêts analogues, également rapportés par M. Mangin, avaient été déjà rendus par la même Cour, les 28 juillet 1814
et 14 avril 1815.

dence, l'art. 60 de la loi du 20 avril 1810, ainsi conçu :
« Les officiers du ministère public dont la conduite est
répréhensible seront rappelés à leur devoir par le procureur général ; il en sera rendu compte au ministre de
la justice, qui, suivant la gravité des circonstances, leur
fera faire par le procureur général les injonctions qu'il
jugera nécessaires , ou les mandera près de lui. » Placé
dans le chapitre de cette loi qui traite *de la discipline,*
l'art. 60 n'étend ni ne diminue les droits du ministre de
la justice en ce qui concerne l'exercice de l'action publique, dont les règles sont tracées par le Code d'instruction criminelle. De plus, il se limite lui-même aux
cas où la conduite des officiers du ministère public est
répréhensible ; or, il n'y a rien de répréhensible, de la
part de ces magistrats, à user de leurs droits et à remplir leurs devoirs tels que ces droits et ces devoirs sont
établis par la loi.

Dans la pratique, on doit sans doute reconnaître que
les instructions par lesquelles le ministre de la justice
inviterait les magistrats du parquet à ne pas exercer
telle ou telle poursuite, aboutiraient habituellement au
même résultat que des ordres proprement dits. Mais
l'inconvénient, possible assurément, n'est pas de nature
à se produire souvent. En outre, il rencontrerait un
double obstacle : 1° dans le droit qui appartient à la

partie lésée, soit de saisir directement la justice répres-
sive quand il s'agit de simples délits (Code d'instruction
criminelle, art. 182), soit d'agir devant la juridiction
civile, en matière de crimes comme en matière de délits
(même Code, art. 3); 2° dans la haute attribution con-
férée aux Cours impériales par l'art. 235 du même Code
et par l'art. 11 de la loi du 20 avril 1810, et qui les autorise, sous certaines conditions, à *enjoindre* au ministère
public de poursuivre les faits qui leur paraitraient
l'exiger.

IV. Faut-il du moins admettre que, si le ministre de
la justice n'a pas, en général, le droit absolu d'interdire
la poursuite, il a ce droit dans certains cas? Faut-il faire
ici la distinction, proposée par quelques écrivains, entre
les affaires politiques et les affaires non politiques? En
droit, une telle distinction est évidemment impossible,
par cela seul que la loi ne l'a pas faite, et de là il suit
que, même dans les affaires dont le caractère exclusivement politique est incontesté, le ministère public peut,
si bon lui semble, intenter la poursuite sans l'assenti-
ment ou contre la volonté du ministre de la justice.
Mais, en fait, au point de vue de la conduite à tenir, au
point de vue de l'administration de la justice, et sous la
seule sanction des mesures administratives déjà indi-

quées, la distinction dont il s'agit paraît être commandée tout à la fois par l'intérêt gouvernemental et par
l'intérêt libéral.

Elle est commandée d'abord par l'intérêt gouvernemental. Peu importe en effet au gouvernement, si le
fait ne se reproduit pas trop fréquemment, que l'auteur
présumé d'un crime ou un délit de droit commun ne
soit pas poursuivi ou que la poursuite soit mal dirigée :
les erreurs de ce genre sont plus ou moins inévitables
dans la justice humaine, et, en thèse générale, la res-
ponsabilité n'en remonte pas au-delà de la justice elle-
même. Mais, dans les affaires politiques, la responsabi-
lité de la poursuite ne s'arrête pas au procureur impérial ou au procureur général; elle atteint forcément le
gouvernement lui-même, et elle l'atteindrait alors même
qu'il ne serait pas intervenu dans cette poursuite; il est
tout simple, dès lors, que le gouvernement invite ses
représentants à se munir préalablement de ses instructions ou de son autorisation, et il en est ainsi dans tous
les systèmes, c'est-à-dire aussi bien dans le système de
la juridiction du jury que dans le système de la juridiction des tribunaux. Celui-ci fournit même une
raison de plus à l'appui de cette règle; car, quelque
rares qu'il rende les acquittements en matière politique,
il ne les rend pas légalement impossibles, et, précisé-

ment parce qu'il les rend plus rares, il leur donne alors
une gravité telle que le gouvernement a un intérêt spé-
cial à les redouter. Pour le dire en passant, je touche là ,
un des motifs qui, même au point de vue gouvernemental, devraient faire préférer le jury à la magistrature
dans la répression des crimes et des délits politiques;
mais ce n'est pas le lieu d'insister sur ce côté de la
question.

J'ajoute, et, malgré les apparences du moment, je
ne crois pas émettre un paradoxe en ajoutant que la
distinction à laquelle je viens de faire allusion est également commandée par l'intérêt libéral. Ainsi qu'on l'a
souvent répété, il ne faut parler aux magistrats ni du
jury ni de la liberté de la presse; il y a là un sens
qui, sauf quelques exceptions (1), leur manque en
général, et lorsque l'un d'eux se permit, il y a quelques années, de dire devant la Cour suprême que le

(1) Il est juste de mentionner, parmi ces exceptions, un
éminent magistrat, qui regrette sans doute l'oubli dans lequel
sont tombés, aux yeux du public, ses titres à cette mention :
M. Troplong, dans un de ses premiers et de ses plus remar-
quables ouvrages (*De la Vente,* 1re édit., t. Ier, p. 347), se plai-
sait à constater, en 1834, *que la liberté de la presse n'était plus
soumise à aucune des entraves qui avaient longtemps comprimé son
essor bienfaisant,* et ajoutait *qu'elle était la sauvegarde la plus
vigilante du gouvernement constitutionnel.*

jury est la seule juridiction qui puisse porter la respon-
sabilité du jugement des affaires criminelles, il pro-
voqua dans les régions judiciaires un étonnement dont
le souvenir ne s'est pas effacé. Sous l'empire de ces
dispositions, faciles après tout à comprendre, et que
certains excès surexcitent trop naturellement, sous
l'empire aussi des stimulants et des préoccupations de
l'avancement, on peut tenir pour certain que, livrés
à eux-mêmes, les magistrats du parquet inclineront à
considérer comme un délit toute parole ou tout écrit
qui, par l'expression d'un blâme, fera dissonance dans
l'admiration ou dans la satisfaction qu'ils partagent;
on peut tenir pour certain que toute critique un peu
vive leur paraîtra contenir une excitation à la haine ou
au mépris du gouvernement. Eh bien! par cela seul
qu'il est placé dans une sphère plus élevée, le ministre
de la justice peut être et sera souvent moins suscepti-
ble; il peut avoir le légitime orgueil de croire ou l'habile
sagesse de laisser croire à l'impuissance des efforts qui
tendent à provoquer à la haine ou au mépris du gouvernement; il peut peser, avec plus d'impartialité ou
avec moins de partialité, les inconvénients d'une poursuite dans laquelle ses subordonnés pourraient être
trop exclusivement sensibles à l'avantage d'une répression certaine ou à des avantages plus individuels

encore. Je ne prétends assurément pas que cet idéal se
soit constamment réalisé ou qu'il doive se réaliser inva-
riablement ; je ne prétends pas que l'on n'ait jamais vu
dans le passé ou que l'on ne puisse jamais voir dans
l'avenir un ministre qui, au lieu d'inviter les magistrats
du parquet à ne pas faire de zèle, les aurait gourmandés
ou les gourmanderait et les punirait de n'en avoir pas
fait ; mais il ne faut pas, ce me semble, attacher à
ces accidents plus d'importance qu'ils n'en méritent,
et je maintiens qu'en général la liberté est intéressée,
comme le pouvoir, à accorder au ministre, dans la me-
sure qui vient d'être indiquée, la faculté de régler l'exercice de l'action publique à l'égard des affaires politiques.

V. Maintenant, de ce que le ministre de la justice,
sans avoir le droit d'interdire la poursuite, a le droit de
la prescrire (1), s'ensuit-il qu'il puisse imposer aux ma-

---

(1) Je sais que, dans une affaire récente, M. le président de
la chambre des appels de police correctionnelle à la Cour
impériale de Paris a prétendu que le ministère public, dans
les poursuites qu'il exerce, n'a pas d'ordres à recevoir du
ministre de la justice. Je sais aussi qu'à l'occasion d'une autre
affaire, certains orateurs officiels ont également soutenu, devant le Corps législatif, que le ministre n'avait pas d'ordres à
donner et qu'il n'en avait pas donné au parquet, soit pour
prescrire, soit pour interdire la poursuite. L'assertion, assurément sincère, était-elle bien exacte en fait ? Les souvenirs de
ceux qui l'ont émise, sans avoir peut-être pris le temps de la

gistrats du ministère public l'obligation de prendre, sur
cette poursuite, des conclusions ou des réquisitions déterminées? Ici encore le silence de la loi suffit pour
qu'une pareille question soit négativement résolue;
mais, de plus, la discussion du Code d'instruction criminelle au Conseil d'Etat, en 1804, achève la démons-
tration. J'emprunte à M. Faustin Hélie (*Traité de l'In-
struct. crim.*, 2e édit., t. Ier, no 488), après en avoir
consulté le texte dans Locré (t. XXV, p. 405 et 406),
l'analyse de cette discussion :

« Cette question fut agitée dans le sein du Conseil
d'Etat à la séance du 24 vendémiaire an XIII (16 octo-
bre 1804). L'Empereur demande si le procureur général est obligé, dans les affaires qui intéressent l'Etat, à
conclure conformément aux ordres du grand juge, ou

vérifier, étaient-ils bien fidèles? Je n'ai pas à le rechercher;
je me borne à répéter : 1° qu'en droit elle manquait de fondement quant à la faculté d'*ordonner* la poursuite, puisqu'elle
oubliait tout simplement l'art. 274 du Code d'instruction criminelle; 2° que, quant à la faculté d'*interdire* la poursuite, le
ministre de la justice, bien loin d'excéder ses pouvoirs, en
userait avec une intelligente opportunité si, sans donner l'ordre
proprement dit, il donnait le conseil de laisser sommeiller
certaines ardeurs de vindicte publique. On pourrait même
s'étonner, si les entraînements de l'improvisation et les besoins
d'une cause difficile ne l'expliquaient, que les orateurs auxquels
je viens de faire allusion aient ainsi perdu de vue, dans cette
circonstance, les prérogatives et les intérêts du gouvernement.

s'il peut ne conclure que d'après son opinion personnelle;
par exemple, si le grand juge lui ordonne de demander
le renvoi d'une affaire à un tribunal déterminé, est-il
obligé d'admettre les motifs qui ont déterminé cet ordre?

» Le grand juge, ministre de la justice, répond que le
procureur général doit obéir, parce qu'il ne lui appartient pas de prononcer sur ce que peut exiger la sûreté
publique; le ministre est censé avoir pris, à cet égard,
l'ordre de Sa Majesté. Si le procureur général ignore
les motifs de l'ordre qu'il a reçu, ou s'il ne les approuve
pas, il lui est permis de déclarer qu'il conclut par exprès
commandement.

» M. Regnauld pense que le procureur général devant
tenir également la balance entre l'Etat et l'accusé, il lui
est permis de peser les motifs de l'ordre qu'il reçoit et
ceux qui s'opposent à son exécution; le procureur général doit être le défenseur de la justice, et non de l'opinion du ministre; son devoir l'oblige d'exposer au tribunal, qui seul juge, les raisons pour et contre.

» Le grand juge, ministre de la justice, dit que sans
doute le procureur général doit exposer toute l'affaire,
mais qu'ensuite il doit conclure conformément aux ordres qu'il a reçus, en énonçant, s'il le veut, qu'il conclut par exprès commandement; autrement cet officier
n'aurait point de supérieur.

» Sa Majesté pense que quand le procureur général a reçu des ordres, il doit s'y conformer dans ses conclusions; cet officier n'est point juge. Il n'est que partie et représente le gouvernement. C'est par cette raison que, dans les lits de justice, où le roi était présent et était instruit de l'affaire, le procureur général concluait conformément aux ordres du roi.

» Le prince architrésorier (Cambacérès) dit qu'il faut distinguer : les procureurs généraux concluaient conformément aux ordres du roi lorsqu'il s'agissait de l'enregistrement d'une loi ; dans toutes les affaires particulières, ils concluaient conformément à leur opinion personnelle.

» Le grand juge, ministre de la justice, dit qu'il ne s'agit point ici d'affaires particulières, mais d'affaires qui intéressent la sûreté publique ; que ce serait donner au procureur général un pouvoir exorbitant et dangereux que de le constituer l'arbitre de ce que la sûreté publique exige.

» M. Treilhard dit que l'Empereur et les ministres peuvent seuls connaître ce qui convient à la sûreté publique : il serait dangereux de permettre au procureur général de s'en rendre juge ; il est obligé de se conformer aux ordres qu'il reçoit pour entamer les poursuites : *ensuite il devient l'homme de la justice et les ordres supérieurs ne règlent plus ses conclusions.* Dans les lits de

justice, on ne présentait que des affaires d'intérêt général ; le ministère public était obligé de se conformer aux
ordres du roi, et, s'ils n'étaient pas conformes à son
opinion, déclarait qu'il concluait d'après l'exprès commandement de Sa Majesté. La question, au surplus, est
oiseuse : car jamais le gouvernement ne dictera à un
procureur général ses conclusions au fond. »

Après cette citation, M. Faustin Hélie ajoute :

« Cette discussion donne à la question sa vraie solu-
tion. Le procureur général est tenu, comme agent du
pouvoir exécutif, de se conformer aux ordres qu'il reçoit
pour entamer des poursuites ; mais ensuite il devient,
suivant l'expression de M. Treilhard, l'homme de la justice, et nul ordre supérieur ne peut enchaîner ses conclusions. Ainsi se concilient les doubles fonctions qu'il
réunit. La formule de l'exprès commandement n'était
qu'une protestation du droit contre le pouvoir ; elle abais-
sait le magistrat et discréditait le pouvoir à la fois ; elle
ôtait à l'un sa force morale avec sa liberté, elle donnait
à l'autre les apparences du despotisme. Restreinte d'ailleurs à l'enregistrement des édits dans les lits de justice,
elle ne fut jamais étendue aux conclusions prises dans
les affaires criminelles. Ces conclusions, dans notre ancien
droit, étaient délibérées et arrêtées au parquet par l'avis
commun des gens du roi, et cette délibération était la ga-

rantie de leur indépendance. Le pouvoir exécutif peut imposer au procureur général des actes, mais il ne peut lui imposer une opinion ; il peut lui prescrire une poursuite, un appel, un pourvoi, mais il ne peut enchaîner à l'avance une opinion qui puise ses éléments dans les débats et le contraindre à requérir une peine qu'il trouverait injuste (1). »

Telle est également l'opinion que professent MM. Mangin (*loc. cit.*, n° 95), Dalloz (*loc. cit.*, v° Ministère public, n° 248), Lesellyer (*loc. cit.*, n° 538), Morin (*Répertoire du droit criminel,* v° Ministère public, n° 14), Massabiau (2) (*Manuel du ministère public,* 3ᵉ édition. t. I, p. 76, et t. II, p. 29), etc. ·

VI. Il faut convenir, d'ailleurs, que l'on aurait bien de la peine à concevoir ici une législation différente. Quoique l'art. 274 du Code ait eu de bonnes raisons pour donner au ministre de la justice le droit d'ordonner la poursuite, les bonnes raisons ne manqueraient pas non plus pour justifier sur ce point un système contraire. Mais, quant au droit de prescrire les conclusions

(1) Ou un acquittement qu'il jugerait immérité.

(2) Je cite volontiers cet auteur en cette matière, parce que, aujourd'hui président de chambre à la Cour impériale de Rennes, il a longtemps exercé les fonctions du ministère public.

ou réquisitions à prendre, il serait tellement contraire à tous les principes, il serait tellement impraticable dans l'exécution, qu'on peut presque affirmer que l'idée de l'établir ne viendra jamais au législateur, de même qu'elle ne lui est pas venue jusqu'à ce jour.

A chaque instant, par exemple, le ministère public, en matière correctionnelle ou en matière criminelle, modifie à l'audience les conclusions qu'il avait prises dans le cours de l'instruction; tantôt il requiert une peine plus sévère, tantôt une peine plus douce, parfois même il abandonne la prévention ou l'accusation. Faudra-t-il donc qu'il en demande désormais l'autorisation au ministre de la justice? Faudra-t-il qu'il demande l'autorisation de ne pas assister impassible et sourd aux débats publics et de s'éclairer par ces débats ?

Mais, si ses conclusions peuvent lui être obligatoirement imposées, sa présence même devient à peu près sans objet; il n'a plus qu'à lire un réquisitoire écrit à l'avance, et, pour remplir un pareil rôle, le premier employé venu sera parfaitement suffisant; les conditions de science, de caractère et de talent, que le législateur a prescrit de rechercher dans les magistrats du ministère public, deviendront parfaitement superflues, et le recrutement de cette magistrature sera notablement simplifié !

A quoi tient, en effet, l'incontestable et nécessaire autorité qui accompagne, dans notre législation, la parole du ministère public, aussi bien dans les affaires civiles que dans les affaires correctionnelles ou criminelles? Elle tient précisément à l'indépendance et à la liberté présumées de cette parole; elle tient à ce que le public judiciaire croit et en général a raison de croire à l'impartialité des inspirations et des appréciations qu'exprime le ministère public. Cette croyance est moins forte, je le reconnais, dans les affaires politiques que dans les affaires ordinaires; mais, de ce qu'un tel inconvénient est inhérent à la nature des choses, il ne s'ensuit pas qu'il faille l'aggraver en l'étendant à toutes les matières; il importe, au contraire, de le réduire, de le circonscrire dans les plus étroites limites; il importe de ne pas altérer ou d'altérer le moins possible la confiance que les parties et les juges accordent aux organes du ministère public. Nul ne le sent mieux que ces magistrats eux-mêmes, et il me suffit d'en citer une preuve toute récente. Dans une de ces regrettables affaires qui ont été si tristement multipliées depuis quelque temps, dans une de ces affaires où l'on a plus ou moins heureusement ravivé le souvenir de la loi de sûreté générale, le défenseur du prévenu avait cru pouvoir faire allusion aux théories de certains écrivains sur la dépen-

dance du ministère public. M. le procureur général près
la Cour de Rennes, qui portait lui-même la parole, a
saisi avec empressement l'occasion de réfuter, en s'atta-
quant à l'avocat, des doctrines qui avaient une autre ori-
gine, et il s'est exprimé ainsi :

« Je n'ajoute pas... que je poursuivrai ma tâche avec
la plus complète adhésion de ma raison et de ma con-
science : l'officier du parquet qui consentirait à monter
à cette place pour y prendre un rôle qui ne serait pas
en parfait accord avec sa conviction intime, ne serait
pas digne de l'occuper. Il trahirait tout d'abord les plus
stricts devoirs de sa charge, qu'il ne peut exercer fidèle-
ment qu'avec une entière sincérité ; il trahirait de plus
sa dignité personnelle et la dignité même de la justice.»

On ne saurait mieux dire assurément, mais on ne
saurait mieux démontrer en même temps que le ministère public n'a pas d'ordres à recevoir quant à ses réquisitions : car, s'il avait à en recevoir, il ne compro-
mettrait pas plus sa dignité personnelle en les exécutant,
que le militaire ne compromet la sienne en exécutant
des ordres dont il n'est que l'instrument, et les stricts
devoirs de sa charge lui commanderaient, bien loin de
la lui interdire, l'obéissance passive à sa consigne.

Il y a plus, et si, nonobstant le silence de la loi, le
ministre de la justice pouvait imposer aux magistrats du

ministère public, en matière criminelle, l'obligation de prendre des conclusions ou réquisitions déterminées, le même droit lui appartiendrait également en matière civile, et il lui appartiendrait, soit dans les cas spéciaux où le ministère public peut agir comme partie principale (art. 46 de la loi du 20 avril 1810), soit même dans les cas où il n'intervient que comme partie jointe. Eh bien! comprendrait-on, par exemple, le ministre de la justice enjoignant au ministère public de conclure en faveur de telle société puissante ou de tel personnage influent dont le bon droit lui paraîtrait certain, au sujet d'intérêts pécuniaires qui seraient engagés dans un procès civil ou commercial? Comprend-on la gravité de l'échec moral que subirait l'autorité de ce ministre, lorsque les juges ne tiendraient pas compte des ordres qu'il aurait donnés à son représentant? De tels faits ne seraient pas fréquents, je l'admets; mais on ne peut pas en nier absolument la possibilité, et, dès lors, à quoi bon s'exposer à des soupçons de cette nature, lorsque, d'une part, cet inconvénient n'est racheté par aucun avantage, et que, d'autre part, l'intérêt même de ces hautes fonctions prescrit de l'éviter?

Admettrait-on du moins, dans ce système, le tempérament que proposaient quelques membres du Conseil d'Etat en 1804? Admettrait-on que l'organe du ministère public pourrait déclarer à l'audience qu'il conclut contre son opinion personnelle et d'après l'ordre exprès qu'il a reçu? Je ne reviens pas sur les réflexions présentées à cet égard par M. Faustin Hélie, dans le passage ci-dessus cité; je me borne à ajouter que, très-certainement, cette ressource suprême ne serait pas laissée et qu'elle ne devrait pas être laissée aux officiers du ministère public, par la raison fort simple que, si le ministre pouvait les obliger à exprimer son opinion à l'audience, il ne leur accorderait évidemment pas la permission d'en exprimer une autre, et que, de plus, la manifestation de ce dissentiment, si elle était autorisée, disposerait souvent les jugés à se soustraire, vis-à-vis du public, au tort apparent d'avoir eux-mêmes déféré à l'ordre d'autrui.

Les traditions et la pratique des parquets sont, au surplus, constantes en ce sens, et elles ont à la fois devancé et suivi l'exemple donné par M. le procureur général Dupin devant la Cour de cassation. On sait que l'art. 441 du Code d'instruction criminelle charge le procureur général près cette Cour de dénoncer à la chambre criminelle, *sur l'ordre formel à lui donné par le ministre de la justice,* les actes judiciaires, arrêts ou jugements contraires à la loi. Cet ordre, cependant, n'a jamais été considéré comme obligeant le procureur gé-

néral à conclure à l'annulation des actes ainsi attaqués ;
M. Dupin n'a point hésité, le cas échéant, à exprimer
une opinion contraire à celle du ministre qui lui avait
prescrit de saisir la chambre criminelle, mais dont il
n'avait ni à recevoir ni à exécuter les injonctions au
delà de cette limite. Je ne sais pas si ses successeurs ont
usé du même droit ; en principe, il me paraît hors de
doute qu'ils ne le regarderaient pas comme contestable ;
seulement, en fait, ils peuvent n'avoir pas eu souvent
l'occasion de l'exercer, parce que le ministre et le procureur général ont la sage habitude de s'entendre à
l'avance, quand ils le peuvent, sur les questions d'application de l'art. 441.

VII. Enfin, même devant le Conseil d'Etat, c'est-à-
dire devant un corps où l'ordre de prendre des conclusions déterminées se concevrait peut-être mieux que devant l'autorité judiciaire, les organes du ministère public,
out en portant le titre de commissaires du gouvernement, ne sont point les défenseurs obligés du gouvernement ; ils ne puisent leurs conclusions que dans leur
propre conviction, et ils ne balancent jamais, s'il y a
lieu, à combattre les prétentions des ministres. Les
choses se passent ainsi depuis près de quarante ans,
depuis la création de l'institution ; il n'est personne,

parmi les membres actuels comme parmi les anciens membres du barreau du Conseil d'Etat, qui ne puisse en rendre et qui n'en rendît volontiers témoignage. En 1852, dans une affaire qu'il est inutile d'indiquer ici, le commissaire du gouvernement qui avait d'abord été désigné par le président de la section du contentieux pour porter la parole dans cette affaire fut invité par le président du Conseil d'Etat à donner ses conclusions dans un certain sens ; sur son refus, un autre de ses collègues fut appelé et consentit à le remplacer pour conclure dans les termes désirés ; mais l'idée ne vint point, du moins à ce moment, de considérer le premier comme ayant manqué à son devoir en revendiquant l'indépendance de son opinion. C'est qu'en effet, s'il en était autrement, si la parole du ministère public n'était pas libre, cette parole avilirait à la fois le fonctionnaire et la fonction ; mieux vaudrait cent fois la supprimer que d'en faire une honteuse servitude.

VIII. De ces développements, on est, ce me semble, autorisé à conclure, en droit : 1° que le ministre de la justice peut donner aux magistrats du ministère public l'ordre de poursuivre les crimes et les délits ; 2° qu'il ne peut pas leur interdire d'exercer cette poursuite, sauf la distinction que comportent, en fait, les affaires politiques; 3° qu'il ne peut, en aucune matière, leur prescrire de prendre des conclusions ou réquisitions déterminées. Nos lois sont ainsi faites, et, bien ou mal faites, elles doivent être respectées; surabondamment, d'ailleurs, on a vu que, si une législation différente pouvait se comprendre et serait peut-être préférable sur le premier de ces trois points, la législation actuelle est parfaitement sage et presque seule possible sur les deux autres, particulièrement avec l'organisation actuelle de notre système judiciaire.

Ce système est-il lui-même à l'abri de toute critique? Telle n'est pas mon opinion, soit en ce qui concerne le mode de nomination et d'avancement des magistrats, soit en ce qui concerne l'atteinte profonde que leur fréquente immixtion dans certaines affaires pourra porter à leur considération et à leur autorité, soit sous d'autres rapports encore; mais, toutes réserves faites à cet égard, je n'hésite pas à croire que les réformes à faire, le jour où elles pourront être utilement étudiées, ne devront pas s'appliquer à cette partie de l'institution du ministère public.

IX. Remarquons en terminant que, comme le disait M. Treilhard en 1804, les questions qui viennent d'être traitées devraient être *oiseuses*, dans le sens qu'il attribuait à ce mot. L'amovibilité des membres du parquet (1), les relations journalières que l'administration centrale de la justice entretient avec eux, la surveillance qu'elle exerce, fournissent amplement, trop amplement peut-être, à cette administration le moyen de ne pas soulever ces questions; si elle en a le moyen, rien n'est plus simple que de s'en donner le mérite. Mais enfin la sagesse et la prévoyance humaines ont des limites nécessaires et parfois des défaillances accidentelles; il ne faut ni s'en étonner ni s'en plaindre, alors surtout qu'on y trouve l'occasion de remettre en lumière, au-dessus d'erreurs passagères dans la conduite des hommes, la volonté moins mobile de la loi et le respect dû à cette volonté.

(1) On a soulevé ou reproduit, dans ces derniers temps, la question de savoir s'il n'y aurait pas lieu de conférer l'inamovibilité aux magistrats du ministère public. Je suis de ceux qui pensent que l'inamovibilité, telle qu'elle existe actuellement, est une garantie dont il ne faut pas s'exagérer l'importance; je suis de ceux (et le nombre en est grand) qui, aujourd'hui, ont plus de confiance dans le Conseil d'Etat au contentieux que dans certaines juridictions dont les membres sont inamovibles, et qui lui accordent autant de confiance qu'à celles de ces juridictions qui en méritent le plus haut degré. Mais, abstraction faite de cette observation, il ne me semble pas que l'inamovibilité soit compatible avec les fonctions du ministère public. Je regrette assurément qu'en fait le caractère de ces fonctions ait été quelquefois dénaturé et compromis par certaines pratiques; seulement je ne crois pas que le remède doive être demandé à une innovation qui les dénaturerait sous un autre point de vue.